手早く15分で「いってらっしゃい!」
おべんとうのラクチン手帖

谷口祐子 著

マイナビ

はじめに

毎日のおべんとう作りお疲れさまです。
この本は、おべんとう作りが少しでもラクチンになればと思い、
自分のおべんとう作りのプロセスをまとめてみました。
私のおべんとう作りのモットーは、
頑張らない！　ラクチン＝楽しい！　です。
朝は、本当に時間がないし、たくさんの品目数の
おかずを作るのは難しいものです。
忙しい朝にさっとスマートにおべんとうができるように、
作りおきおかず、常備菜を考えました。
そして、お味のほうは簡単なのに本格的！　もコンセプト。
どうぞ、お気楽におべんとう作りをお楽しみください。

Hop

1

Step

2

↓

いってきま〜す!!

CONTENTS

はじめに ──────────────── 002

chapter 01 : くいしんぼうも満足!!
しっかりボリュームべんとう

焼き肉丼べんとう ──────────── 022
から揚げべんとう ──────────── 024
カジキマグロのグリルべんとう ─────── 026
サケのムニエルカレー風味べんとう ───── 028
マリネチキンのプレス焼きべんとう ───── 030
パインジュースのしょうが焼きべんとう ─── 032
ししゃものごま焼きべんとう ──────── 034
はんぺんチーズの磯辺揚げべんとう ───── 036
ポークチャップべんとう ────────── 038
パーコー丼べんとう ──────────── 040

chapter 02 : 作りおきおかずで
日替わりべんとう

鶏挽き肉炒め ─────────── 046
　炒り豆腐 ─────────── 048
　まぜるだけチキンライス ─────── 050
　ナシゴレン風炒め ─────── 052
　れんこんと鶏のミニ春巻き ─────── 054
　豆腐にらまんじゅう ─────── 056
豚挽き肉炒め ─────────── 060
　ドライカレー ─────── 062
　手作りナムル ─────── 064
　れんこんうさぎ ─────── 066
　厚揚げのそぼろ煮 ─────── 068
　チンジャオロース ─────── 070

ぺったんこハンバーグ ─────── 074
　キャベツメンチ ─────── 076
　きのこ入りホワイトソース ─────── 078
　肉団子風甘酢 ─────── 080
　れんこんのはさみ揚げ ─────── 082
　つくねごぼう ─────── 084
味噌だれ ─────── 088
　鶏肉の簡単味噌漬け ─────── 090
　アジのごま味噌焼き ─────── 092
　イカと春菊の味噌炒め ─────── 094
　サバの味噌煮 ─────── 096
　なすとおくらの味噌炒め ─────── 098

玉ねぎソース	102
から揚げサラダ	104
タラの南蛮漬け風	106
豚肉のごましゃぶ	108
さっぱり和風ハンバーグ	110
サバの水煮缶のせん切りサラダ	112
しょうゆたれ	116
オイルサーディンの梅しょうが煮	118
焼き鳥	120
シーチキンのそぼろ	122
ブリの漬け焼き山椒風味	124
サケの漬け焼きレモンバター	126

chapter 03 : これ一品でなんとかなる!
主食だけで満足べんとう

ごはん

たけのこのお寿司	134
しょうがのお寿司	136
きのこごはん	138
高菜チャーハン	140
ちまき風ごはん	142

サンドイッチ

卵とサーモンのサンドイッチ	144
オリエンタルチキンサンド	146

麺

ジャージャー麺	148
和風タンタンうどん	150
マカロニナポリタン	152

カレー

野菜カレー	154
キャベツ入りカツレツカレー丼	156
ラタトゥユカレー	158
中華風豚肉カレー	160

chapter 04：これさえあれば名脇役
ラクチン常備おかず

小松菜のおひたし ——————— 168
野菜のおひたしバリエーション ——— 170
  ｡ほうれん草 ｡長いも ｡根三つ葉
  ｡キャベツ ｡ブロッコリー
  ｡スナップえんどう ｡アスパラガス
  ｡モロヘイヤ ｡おくら ｡レタス
  ｡クレソン ｡とうもろこし

かぶの塩もみ ─────────── 172
塩もみバリエーション ─────── 174
　◦白菜　◦水菜　◦きゅうり
　◦大根とにんじん　◦キャベツ　◦なす
れんこんの酢漬け ────────── 176
酢漬けバリエーション ─────── 178
　◦ごぼう　◦きのこと玉ねぎ
　◦赤ピーマンとズッキーニとなす　◦みょうが
　◦プチトマト　◦カリフラワー

手作りふりかけ

春菊と桜エビのふりかけ ─────── 180
大根葉のふりかけ ────────── 182
小松菜としらすのふりかけ ────── 184
魚肉ソーセージとかぶの葉のふりかけ ── 186
たくあんのふりかけ ───────── 188
かつお節だしがらのふりかけ ───── 190
高菜のふりかけ ───────────── 192

卵焼き

親子卵焼き ― 194
ズッキーニとピーマンのチーズオムレツ ― 196
お好み風卵焼き ― 198
かに玉風卵焼き ― 200
サーモンときのこのオムレツ風 ― 202

Column

おべんとうラクチンメモ ― 014
おべんとうを詰めるコツ ― 016
本書で使ったおべんとう箱 ― 018
ラクチン！ おべんとう包みの作りかた ― 042
作りおきおかずの冷凍保存 ― 130
おべんとう作りに便利な調理器具 ― 162
おかずの味が引き立つ調味料 ― 165

この本の使い方

単位　小1　＝　小さじ1杯(5g)
　　　大1　＝　大さじ1杯(15g)
　　1カップ　＝　200cc
　　　1ml　＝　1cc

- 材料の分量は特に表記のない場合はすべて1～2人分程度です

- 電子レンジは600Wのものを使用しました
- 700Wの場合は約0.8倍、500Wの場合は約1.2倍にしてください

- 加熱時間や焼き時間はあくまでも目安です
  様子を見ながら加減してください

- フライパンはフッソ樹脂加工のものを使用しています

アイコンについて

ラクチン度をアイコンで表しています

ラクチンで早くできます　　**まぁまぁ早くできます**　　**少し時間がかかります**

※アイコンについてはあくまでも目安の時間になります

おべんとうラクチンメモ

朝、おべんとう作りをラクチンにするためには、
段取りと工夫が必要です。
ほんの少しのことですが、
気が楽になりますよ。

メニューを決めておくと

前の日にメニューを決めておきましょう。作りおきおかずなど、解凍が必要なものは、冷凍のものを冷蔵庫に移しておきます。前夜に下準備で漬けておくものは漬けて、冷蔵庫に入れておきます。

おかず1品でも大丈夫

あれもこれも……と考えると大変なので、おかず1品と常備菜だけでもOKと気軽に考えて、朝の作業をラクチンしましょう。おかず1品でも十分においしいおべんとうはできます。

おかずのストックを

普段の生活で揚げ物や焼き物、カレー類を多めに作ってしまったら冷凍しておきましょう。暑い時期などは冷凍のままおべんとう箱に詰めることもできて、便利です。

小さなフライパンで

1〜2人分のおべんとうなら、小さいフライパンに5mm〜1cmくらいの少量の油でおかずを焼いたり、揚げたりします。油が足りなくなれば、足しながら調理しても大丈夫です。

おべんとうを詰めるコツ

普段お皿に盛るのとは違い、
おべんとうならではのコツがあります。
朝さっと詰めるコツは、おかずとご飯の組み合わせ方
が重要なポイントになります。

茶碗に盛って分量決めて

ごはんは先におべんとう箱に詰めておきます。一旦、ごはん茶碗に盛ってから詰めましょう。分量も分かり、冷めるのも早くなります。おべんとう箱にごはんがくっつくのが気になる場合は、さっと水でぬらしてからごはんを詰めます。

水切りは早めに

おひたしなどの水分の多いものを詰めるときは、小さなザルにあけて、おかずを作り始める前に水分を切っておきましょう。そうすれば最後に詰めるだけで大丈夫です。

ごはんとおかずは6対4

おべんとうはおかずが多くなると油分や塩分が多くなってしまいます。ごはんとおかずを6対4と考えてお米をたくさん食べて、健康的でラクチンなおべんとう作りをしましょう。

組み合わせを考えて

おかずが揚げ物のときは、せん切りキャベツやレタス、焼き物や煮物には、おひたし、塩もみなどがよく合います。食感や味の組み合わせを楽しく考えて、常備菜を上手に使いましょう。口直しや味のアクセントには酢漬けがよく合います。

本書で使ったおべんとう箱

今回、使ったお弁当箱は、
機能的な新しいタイプから、
昔からの伝統的な素材のものまでさまざまです。
みなさんのスタイルにあったお弁当箱で
楽しく食べられるように使い分けてみてください。

ステンレスオーバル型
サイズ 11×14.5×5cm。ステンレス製のお弁当箱です。洋風や中華風のメニューに似合います。

ステンレス丸型
サイズ 直径11.5×高さ5.5cm。1段のステンレス製の丸いお弁当箱です。

曲げわっぱ

サイズ 9×17×4.5cm。日本の伝統、秋田の曲げわっぱのお弁当箱です。ごはんがむれずに冷めてもおいしい。

漆ぬり（2 段型）

サイズ 7.5×14×8cm。とても気に入っている漆ぬりのお弁当箱です。2段なのでおかずとごはんが詰めやすいところも機能的です。

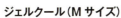

ジェルクール（M サイズ）

サイズ 8×12×5cm 400ml。蓋の部分が保冷剤になっていて、冷凍しておくと、取り出してから3～4時間の保冷効果があります。

BIOKIPS バイオキップス
(670ml サイズ)

18×12×5cm。抗菌素材の保存容器です。少し大きめの容量でパッキンが付いているので、水分の多いおかずも大丈夫です。

BIOKIPS バイオキップス
(8cm角 300ml、直径9cm丸 240ml)

こちらも抗菌素材の保存容器です。ごはんとおかずを別々に詰める、別べんとうにおすすめです。

chapter 01

くいしんぼうも満足!!
しっかりボリュームべんとう

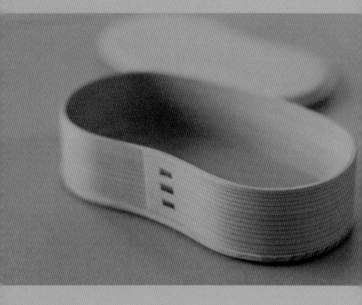

焼き肉丼べんとう

Hop

1

フライパンを油で熱し、強火で牛肉の両面をさっと焼き、塩、黒コショウで調味し、ごはんの上にのせる。

Ingredients List

材料（1人分）

牛焼き肉用	100g
塩	適量
黒コショウ	適量
なす（細切り）	1/2本
ピーマン赤・緑（細切り）	各1/2個
しめじ	30g

〈野菜味つけ〉

オイスターソース	小2
しょうゆ	小2
酒	小2
にんにく（みじん切り）	1/2片
油	大1
青ねぎ（小口切り）	適量
ごはん	適量

Step

2

1のフライパンに油とにんにくを入れて香りを出し、なす、ピーマン、しめじをほぐし炒めて、オイスターソース、しょうゆ、酒で調味する。1の上にのせて、青ねぎを飾る。

から揚げべんとう

Hop

1

漬けておいた鶏肉の汁気を切り、片栗粉を入れた保存容器に入れて蓋をして振る。

Ingredients List

材料(約3人分)

鶏もも肉(4cm角)
………………… 1枚(300g)

〈下味つけ〉

しょうゆ ………………… 大2
酒………………… 大1と1/2
しょうが(すりおろし) …… 大1
片栗粉…………………………適量
油………………………………適量
ごはん…………………………適量

下準備

鶏肉をしょうゆ、酒、しょうがに漬けて一晩おく。

Point

揚げ油は1~2cmくらいの少量で大丈夫です。残ったから揚げは、1人分ずつ冷凍しておくと便利です。茹で卵とプチトマト、レタスを一緒に盛りつけましょう。

Step 2

余分な粉を落としながら180度の油で揚げる。

カジキマグロのグリルべんとう

Hop

1 フライパンにバターを入れ、赤ピーマンを炒めて、ごはんに混ぜておべんとう箱に詰める。

Ingredients List

材料(1人分)

カジキマグロ(一口大) … 1枚分
〈下味つけ〉
　しょうゆ ………………… 小1
　にんにく(半分に切る) … 1片
　オリーブオイル ………… 小1
　パプリカ …………………少々
　クミン ……………………少々
　コリアンダー ……………少々
バター……………………… 5g
赤ピーマン(細切り)… 小1/2個
レモン(飾り用)………… 1/8個
ごはん……………………適量

下準備

カジキマグロをしょうゆ、にんにく、オリーブオイル、パプリカ、クミン、コリアンダーに漬けて一晩おく。

Step 2

フライパンを油(分量外)で熱し、漬けておいたカジキマグロを焼く。レモンを飾る。

サケのムニエルカレー風味べんとう

Hop

1 サケは塩、コショウで下味をつける。保存容器に小麦粉とカレー粉を入れてよく混ぜて、サケを入れてさらに振る。

Ingredients List
材料(1人分)
生サケ(1口大) ………… 1切分
〈下味つけ〉
　塩………………………適量
　コショウ ………………適量
小麦粉……………………大1/2
カレー粉 ………………… 小1
油………………………… 大1
レモン(飾り用) ……… 1/8個
ごはん……………………適量

Point
付け合わせは、赤ピーマンとズッキーニとなすの酢漬け(P.178)

Step

2
余分な粉を落として、油を熱したフライパンで両面をこんがりと焼く。レモンを飾る。

マリネチキンのプレス焼きべんとう

Hop

1
中火のフライパンに塩、コショウした鶏肉の皮目を下にして押しながら焼く。

Ingredients List

材料(1人分)

鶏もも肉(皮付き)
　………… 1/2枚(150g)

〈下味つけ〉
　オリーブオイル　……… 大1/2
　にんにく ……………… 1/2片
塩……………………………適量
黒コショウ　………………適量
レモン(飾り用) ………… 1/8個
ごはん(茶碗1杯分) …… 160g
トマトケチャップ ………… 大1

下準備
鶏肉は、オイル、にんにくで下味をつけておく。

Point
食べやすいように細切りにして盛りつけます。パプリカ(分量外)を飾りに適量振りかけましょう。
付け合せは、れんこんの酢漬け(P.176)

Step

2 ごはんにトマトケチャップを混ぜておべんとう箱に入れる。

パインジュースのしょうが焼きべんとう

Hop

1 フライパンを油で熱し、漬けておいた豚肉を焼く。

Ingredients List

材料（1人分）

豚こま肉 …………………… 100g
〈下味つけ〉
　しょうゆ ………………… 大1
　パイナップルジュース … 大1
　しょうが（すりおろし）…… 小1
ごはん ……………………… 適量
油…………………………… 適量

下準備
豚肉をしょうゆ、ジュース、しょうがに漬けて一晩おく。

Point

パイナップルジュースに漬けると冷めてもお肉がやわらかくジューシーに仕上がります。
付け合せは、かぶとにんじんときゅうりの塩もみ（P.172）

Step

2
ごはんを詰めておいたおべんとう箱に盛りつける。

ししゃものごま焼きべんとう

Hop
1
ししゃもに、小麦粉、溶き卵、ごまの順に衣をつけて、油で両面こんがりと焼く。

Ingredients List

材料（1人分）

ししゃも	4匹
小麦粉	適量
溶き卵	適量
白ごま	適量
油	適量

〈マカロニサラダ〉

茹でたマカロニ	30g
きゅうり（塩もみ）	10g
ハム	1枚
マヨネーズ	大1
白コショウ	適量
ごはん	適量

Point

マカロニは、茹でてオイルであえて冷凍しておくと、サラダや、ナポリタンなど、普段のおかずにも使えて便利です。

Step

2 マカロニ、きゅうり、ハム、マヨネーズを混ぜて、白コショウで味を調える。

はんぺんチーズの磯辺揚げべんとう

Hop

1 はんぺんを四等分にしたものを、さらに二等分(三角)にし、切り込みを入れて、八等分したチーズをはさむ。

Ingredients List

材料(2人分)

大判はんぺん……………… 1枚
カマンベールチーズ ………30g
〈衣〉
　青のり………………… 大1
　小麦粉………………… 大4
　水……………………… 約60ml
油…………………………適量
ごはん……………………適量

付け合せは、大根とにんじんの塩もみ(P.175)

Point

はんぺんは、四等分したものを、斜めに切り三角にする。長い辺に切り込みを入れて、5mmくらいの厚さに切ったチーズをはさむ。

はんぺんの切り方

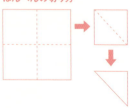

Step 2

青のり、小麦粉、水を合わせて、衣を作り、フライパンに油を熱して、はんぺんに衣をつけて揚げる。

ポークチャップべんとう

Hop

1 フライパンに油を熱し、豚肉に中火で焼き色をつけて、しっかりと塩、コショウで味つけする。酒少々（分量外）を入れて蓋をして、弱火にして火を通す。

Ingredients List

材料(2人分)

豚ロース肉(トンカツ用) ……… 1枚(100g)
塩……………………………適量
黒コショウ …………………適量
油……………………………大1/2
ごはん………………………適量

〈ソース〉
トマトケチャプ…………… 大1
ウスターソース ………… 大1
酒………………………… 大1

Point

焼いた豚肉は食べやすい細切りにする。

付け合せは、きのこと玉ねぎの酢漬け(P.178)

Step

2 トマトケチャップ、ソース、酒をフライパンで煮詰めてソースをつくる。**1**の豚肉にかける。

パーコー丼べんとう

Hop

1
キッチンタオルで豚肉の水分を軽くとり、両面に小麦粉をつけて、少し多めの油で焼く。

Ingredients List

材料(2人分)

豚ロース肉(しょうが焼き用)
　　　　　　3〜4枚(100g)
〈下味つけ〉
　カレー粉 ………………小1/2
　五香粉…………………少々
　しょうゆ ………………小2
　酒 ………………………小1
小麦粉……………………適量
油…………………………適量
〈ごはん〉
　ごはん …………………適量
　とうもろこし(茹でる) …適量
　黒コショウ ……………適量
　青ねぎ(小口切り)………適量

下準備

豚肉をカレー粉、五香粉、しょうゆ、酒に漬けて一晩おく。

Point
とうもろこしと黒コショウをごはんに混ぜながら食べるとおいしいです。

Step

2 おべんとう箱に入れておいたごはんにとうもろこしとコショウをかけて、青ねぎを散らす。

ラクチン! おべんとう包みの作りかた

小さめのおべんとう箱から、大きめのおべんとう箱
（18×12×5cmくらい）まで包めます。
1枚の布なので風呂敷のように使える万能包み。
生地と違う色の糸で縫うとかわいいです。

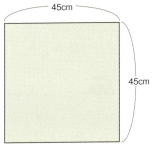

1
生地を45cm角に切ります。

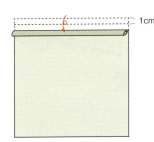

2
生地の1辺を1cm2つ折りにし、アイロンをかけます。

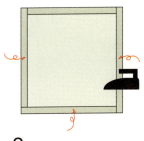

3
引き続き、残り3辺を同じように順に折り、アイロンをかけます。

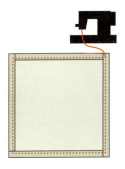

4
折り目を待ち針でとめて、ミシンで1周縫います。生地の耳はそのまま残しても大丈夫です。

ミニポケット

小さなポケットをつければ、ちょっとしたおやつが入れられて便利です。

1
パイピングばさみで縦9cm、横14cmの大きさにポケットの布を切る。上から1.5cmのところをミシンで縫う。

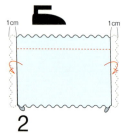

2
ポケットの両端を1cm折り、アイロンをかける。

3
おべんとう包みの右下の位置に合わせて、待ち針でとめる。

4
ミシンでポケットを縫う。縫い始めと終わりは、折り返しミシンをかける。

chapter 02

作りおきおかずで
日替わりべんとう

鶏挽き肉炒め

Hop
1
フライパンで鶏肉を炒めて、火が通ったら塩半量、コショウを振り、にんじん、玉ねぎ、酒を入れてしっとり炒めて、最後に残りの塩を振る。

Ingredients List
材料（小分け9個分）

鶏もも肉（皮なし）
………………… 1枚（300g）
（プロセッサーで粗挽きにする。挽き肉でも可）
にんじん（みじん切り） … 1/2本
玉ねぎ（みじん切り）
………………………（小）1個
酒………………………… 大1
塩………………………… 小1
黒コショウ ………………少々

Point
プロセッサーで細かくした、挽き肉はとてもおいしいです。プロセッサーがない場合は、包丁でたたくか、市販の挽き肉をお使いください。

作りおきおかず

Step 2

1をバットに広げて冷まし、9等分(各30gに小分け)にしてラップで包み冷凍する。

炒り豆腐

Hop

1

鍋に油を熱し、しいたけを炒め、鶏肉炒めを入れる。しょうゆ、みりん、酒で味つけし、1分ほど弱火で煮る。

Ingredients List

材料(2人分)

鶏挽き肉炒め(P.46)
　……………………… 1個(30g)
木綿豆腐(水切りしたもの)
　……………………… 半丁(150g)
しいたけ(みじん切り) …… 1個
〈味つけ〉
　しょうゆ ……………… 大1
　みりん ………………… 小4
　酒………………………… 小2

油…………………………… 大1
卵…………………………… 1/2個
いんげん(小口切り) ……… 適量
のり………………………… 適量
紅しょうが ………………… 適量

下準備
お豆腐の水切りは、一晩ザルに入れて重しをしておくか、電子レンジ(600W)でラップなしで1分加熱。

鶏挽き肉炒めバリエーション

Step

2

豆腐をくずし入れて、かき混ぜて、溶き卵も入れて中火で水分をとばす。いんげん、のり、紅しょうがを飾る。

まぜるだけチキンライス

Hop
1
ボウルにごはんを入れて、解凍した鶏肉炒めを入れ混ぜる。

Ingredients List
材料（1人分）
鶏挽き肉炒め（P.46）
　……………………… 1個（30g）
あたたかいごはん
　………… 茶碗1杯分（160g）
トマトケチャップ ………… 大1
塩………………………………少々
コショウ ……………………少々

Point
油を使わないので、ベトつかず、冷めてもおいしくいただけます。野菜の入ったオムレツを添えれば、オムレツべんとうになります。

鶏挽き肉炒めバリエーション

Step
2
トマトケチャップ、塩、コショウを入れて味を調える。

ナシゴレン風炒め

Hop

1

フライパンで目玉焼きを焼きながら、横に鶏肉炒めを入れて温めて、ナンプラーで味つけする。

Ingredients List

材料（1人分）

鶏挽き肉炒め（P.46）
　……………………… 1個（30g）
卵………………………………… 1個
ナンプラー ………………………少々
葉炒めふりかけ …………… 適量
（大根葉、かぶの葉、小松菜など炒めたもの）
バジル（香菜でも）…………少々
油……………………………………適量

Point

目玉焼きは、フライパンを中火で熱し、卵をおとします。弱火で蓋をしないで5分焼くと黄身が黄色くきれいに焼けます。丸型などで焼くとお弁当に入れやすいです。スイートチリソースをお好みでふりかけます。

鶏挽き肉炒めバリエーション

Step
2
葉炒めふりかけとバジルで飾る。

れんこんと鶏のミニ春巻き

Hop

春巻きの皮を四角に1/4に切る。

Ingredients List

材料（12本）

鶏挽き肉炒め（P.46）
　……………… 1個（30g）
春巻皮 …… 3枚（約18cm角）
しそ ………………………… 12枚
れんこん（粗みじん切り）…50g
油………………………………適量

Point

油は少なくなったら足しながら焼く。れんこん以外に、三つ葉、セロリでもおいしくできます。

鶏挽き肉炒めバリエーション

Step 2

皮にしそ1枚、れんこん、解凍した鶏肉炒めをのせて巻き、少し多めの油を熱し、弱めの中火でこんがり焼く。

豆腐にらまんじゅう

Hop

1
ボウルに材料をすべて入れ、手でよく混ぜて12等分に丸める。

Ingredients List
材料（12個分）

鶏挽き肉炒め（P.46）
　……………… 2個（60g）
木綿豆腐（水切りしたもの）
　……………… 1丁（300g）
にら …………………… 1/2束
しょうが（すりおろし） ……… 小2
しょうゆ ………………… 小1
塩………………………… 小1/2
黒コショウ ……………… 少々
片栗粉…………………… 大1
ごま油…………………… 大1

Point
多めに作っておいて、焼いた状態で冷凍できます。冷凍のままお弁当に詰めても便利です。

鶏挽き肉炒めバリエーション

Step
2
フライパンに油（分量外）を熱し、両面に片栗粉（分量外）をつけて焼く。

詰めあわせ例

れんこんの酢漬け(P.176)

豆腐にらまんじゅう(P.56)

紅しょうが

豚挽き肉炒め

Hop

1
フライパンにごま油、しょうが、にんにくを入れて中火で熱して香りを出し、豚肉を入れて炒める。

Ingredients List
材料（小分け9個分）

豚挽き肉 ………………… 300g
しょうが（みじん切り）……… 大2
にんにく（みじん切り） … 1かけ
ごま油 …………………… 大1

Point
豚汁風味噌汁、餃子、肉味噌など、普段のおかずにも大活躍です。

作りおきおかず

Step 2

1をバットに広げて冷まし、9等分（各30gに小分け）にしてラップで包み冷凍する。

ドライカレー

Hop
1 小鍋に油を熱し、玉ねぎを炒める。

Ingredients List
材料（1人分）

豚挽き肉炒め（P.60）	2個（60g）
玉ねぎ（みじん切り）	1/4個
野菜ジュース	50ml
ウスターソース	小1
カレー粉	小1/2
レーズン	小1と1/2
塩	小1/2
油	大1

Point
多めに作っておいて、冷凍しておくと便利です。

豚挽き肉炒めバリエーション

Step 2

残りの材料を入れて、汁気が少なくなるまで強めの弱火で煮る。

手作りナムル

Hop

1
豚肉炒めをフライパンで温めて、しょうゆで味つけする。

Ingredients List
材料（1人分）

豚挽き肉炒め（P.60）
　………………… 1個（30g）
しょうゆ ………………小1/2
もやし（茹でて粗みじん切り）
　…………………………適量
にんじん（せん切り）………適量
おひたし（粗みじん切り）（P.168）
　（ほうれん草、小松菜でも）
　…………………………適量
塩………………………少々
ごま油……………………少々
白ごま……………………少々

Point
ごはんの上にのせれば、お野菜たっぷりのナムル丼です。お好みでコチュジャンを添えても。にんじんは、スライサーで切ると味もなじみやすく、簡単です。

豚挽き肉炒めバリエーション

Step

2
もやし、にんじん、おひたしは塩とごま油で味つけし、**1**と一緒に盛る。ごまを散らす。

れんこんうさぎ

Hop

1 豚肉炒め、れんこん、水を小鍋に入れて、れんこんがやわらかくなるまで中火で煮る。(途中水がなくなったら、足す)

Ingredients List

材料(1人分)

豚挽き肉炒め(P.60) ……………………1個(30g)
れんこん(縦半分にし、約4cmのそぎ切り) ……………50g
水………………… 100ml

〈味つけ〉

しょうゆ ………………… 小1
五香粉………………………少々
砂糖……………… 1つまみ
片栗粉(水小1で溶く) … 小1/2

Point

時間がないときは、れんこんを電子レンジ(600W)で30秒加熱とやわらかくなります。れんこんの切り口が、うさぎの耳の形のようなのでれんこんうさぎです。

豚挽き肉炒めバリエーション

Step 2

しょうゆ、五香粉、砂糖で味つけして、水溶き片栗粉でとろみをつける。

厚揚げのそぼろ煮

Hop

1

厚揚げは熱湯をかけて油抜きし、小鍋に、豚肉炒め、だし、みりんを入れて1分煮る。

Ingredients List

材料(1人分)

豚挽き肉炒め(P.60)
　……………………… 1個(30g)
厚揚げ……… 3個(50g×3)
鰹だし ………………… 80ml
みりん ………………… 大2
しょうゆ ……………… 大1
片栗粉(水小1と1/2で溶く)
　………………………… 小1

Point

冷めたころ、味がしみて食べごろです。おひたしなどの葉ものを添えて。

豚挽き肉炒めバリエーション

Step
2
しょうゆを入れて混ぜ、水溶き片栗粉でとろみをつけて火を止める。

チンジャオロース

Hop
1

フライパンに油を熱し、ピーマンとたけのこを炒めて、五香粉をまぶした豚肉炒めを入れ混ぜる。

Ingredients List
材料（1人分）
豚挽き肉炒め（P.60）
　………………… 1個（30g）
五香粉………………………少々
ピーマン（細切り）………… 1個
たけのこ（細切り）…………30g
オイスターソース ………… 小1
しょうゆ ………………… 小1
油……………………………適量

豚挽き肉炒めバリエーション

Step

2 オイスターソース、しょうゆを入れて味を調える。

詰めあわせ例

チンジャオロース（P.70）

大根葉ふりかけ（P.182）

梅干し

ぺったんこハンバーグ

Hop
1
ボウルに材料をすべて入れて、手でよく混ぜる。

Ingredients List
材料（小分け10個分）

合い挽き肉	400g
玉ねぎ（みじん切り）	（小）1個
卵	1個
パン粉	大2
牛乳	大2
塩	小1
黒コショウ	少々
ナツメグ	少々
しょうゆ	小1

Point
ぺったんこなので焼き上がりが早く、味もしみこみやすいです。解凍すれば、いろいろ活用できて普段のおかずにも便利です。右の写真は冷凍したものを焼いた状態です。

作りおきおかず

Step 2

1を10等分(各60gに小分け)して、丸めて冷凍する。

キャベツメンチ

Hop
1
ハンバーグの具にキャベツを混ぜ込んで形を整え、小麦粉、卵、パン粉の順に衣をつける。

Ingredients List
材料(2個分)
ぺったんこハンバーグ(P.74)
　………… 2個(120g)
キャベツ(せん切り) ………20g
〈衣〉
　小麦粉……………………適量
　溶き卵……………………適量
　パン粉……………………適量
油……………………………適量

下準備
ぺったんこハンバーグを解凍しておく。

ぺったんこハンバーグバリエーション

Step
2
フライパンを弱めの中火で熱し、多めの油で**1**を揚げる。

きのこ入りホワイトソース

Hop

1 フライパンを熱し、中火でハンバーグの両面に焼き色をつけ、酒を入れて蓋をし、弱火で1分焼いて皿にあける。

Ingredients List

材料（2個分）

ぺったんこハンバーグ（P.74）	2個（120g）
酒	少々
牛乳	80ml
しめじ	20g
片栗粉（水小1で溶く）	小1/2
塩	少々
パプリカ（粉末）	適量

下準備

ぺったんこハンバーグを解凍しておく。

ぺったんこハンバーグバリエーション

Step 2

フライパンをさっとふいて、牛乳としめじを入れて中火にかけてハンバーグを戻し、水溶き片栗粉でとろみをつけて、塩で味を調える。パプリカを振りかける。

肉団子風甘酢

Hop
1
フライパンを熱し、中火でハンバーグに焼き色をつけ、酒を入れて蓋をして弱火で1分焼く。

Ingredients List
材料(2個分)

ぺったんこハンバーグ(P.74)
　　　………………… 2個(120g)
酒……………………………少々
〈甘酢液〉
　トマトケチャップ ………… 大1
　酢………………………… 大1
　しょうゆ ………………… 大1
　砂糖……………………… 大2
　水………………………… 大2
　片栗粉…………………… 小1/2

下準備
ぺったんこハンバーグを解凍しておく。

Point
ピーマンを炒めたものを添えれば、簡単酢豚に。

ぺったんこハンバーグバリエーション

Step

2

甘酢の調味料をあわせておき、**1**のフライパンに入れてからめる。

れんこんのはさみ揚げ

Hop

1

れんこんに片栗粉をまぶして、2枚の間にハンバーグの具をはさみ、さらに回りにも片栗粉を薄くつける。

Ingredients List

材料（2個分）

ぺったんこハンバーグ（P.74）
………………… 1個（60g）
れんこん（輪切り5mm幅）
………………………… 4枚
片栗粉……………………適量
〈衣〉
　小麦粉………………… 大2
　水……………………… 小4
油…………………………適量

下準備
ぺったんこハンバーグを解凍しておく。

Point

カレー塩、山椒塩がよく合います。油は、少なめ（鍋底から1～2cmくらいの量）で大丈夫です。

ぺったんこハンバーグバリエーション

Step
2
小麦粉と水で衣をつくり、**1**につけて中火と弱火の間で、じっくり揚げる。

つくねごぼう

Hop

1 ごぼうはさっと茹でて水分をしぼり、ハンバーグの具に混ぜ入れて形を整える。

Ingredients List

材料（2個分）

ぺったんこハンバーグ（P.74）
　………………… 2個（120g）
ごぼう（ささがき） …………20g
酒……………………………少々
しょうゆたれ（P.116） …… 大2
油……………………………適量

下準備
ぺったんこハンバーグを解凍しておく。

ぺったんこハンバーグバリエーション

Step 2

フライパンを油で熱し、両面に焼き色をつけて、酒を入れて蓋をして弱火で1分焼き、しょうゆたれをからめる。

詰めあわせ例

キャベツの塩もみ(P.175)

つくねごぼう(P.84)

たくあんふりかけ（P.188）

味噌だれ

Hop 1

材料を小鍋に入れて温めて、砂糖を溶かして火を止める。

Ingredients List
材料（作りやすい分量）

味噌	200g
酒	50ml
みりん	50ml
砂糖	大1

Point
冷蔵庫で3週間ほど保ちます。田楽味噌や酢を加えて酢味噌としても使えて便利です。

作りおきおかず

Step 2

冷めたら保存瓶に入れて、冷蔵庫で保存する。

鶏肉の簡単味噌漬け

Hop

1
フライパンを油で熱し、ピーマンを中火で炒めて、塩、コショウで味を調えて器に盛る。

Ingredients List
材料(1人分)

味噌だれ(P.88) ………… 大1
鶏もも肉(皮付き3cm角)
　　………………………… 100g
ピーマン(乱切り) ………… 1個
塩………………………………少々
黒コショウ ……………………少々
炒り黒豆………………………適量
酒………………………………少々
油………………………………少々

下準備
鶏肉を味噌だれに漬けて一晩おく。

Point
鶏肉のほかに、豚肉、牛肉、魚でもおいしくできます。焦げやすいので、中弱火でじっくり焼いてください。

味噌だれバリエーション

Step 2

鶏肉を皮目から中弱火で焼き、焼き色がついたら酒をふり、蓋をして弱火で1分焼く。**1**の器に盛り、炒り黒豆を手でつぶして散らす。

アジのごま味噌焼き

Hop

1
アジの両面に塩、コショウをする。味噌だれとほかの材料を混ぜる。

Ingredients List
材料(1～2人分)

味噌だれ(P.88) ………… 小2
アジ(3枚におろしたもの)
　………………………… 1匹分
塩……………………………少々
黒コショウ ………………少々
しょうが(みじん切り) ……… 小1
ねぎ(小口切り) …………… 小2
ごま油 ……………………小1
酢……………………………小1/2
白炒りごま ………………少々

Point
アジは、前の日に塩を少々振り、キッチンペーパーでくるみ、ラップで包んで冷蔵庫に入れておくとさらにおいしくできます。

味噌だれバリエーション

Step 2

アジの上に**1**の味噌をのせて、200度のオーブンで8〜10分焼く。

イカと春菊の味噌炒め

Hop
1
フライパンにオリーブオイルとにんにくを入れて香りを出し、しょうがと牛乳をまぶしたイカを炒める。

Ingredients List

材料(2人分)

味噌だれ(P.88)	大1/2
するめイカ	1ぱい
しょうが(すりおろし)	小1/2
牛乳	小1
春菊(3cm幅)	4本
塩	少々
黒コショウ	少々
にんにく(みじん切り)	1/4片
オリーブオイル	大1

下準備

イカは皮をむいて、3~4cm角に切り、格子に切り込みを入れ水分をよくふき、しょうがと牛乳であえておく。前の日にしておくとラクです。

味噌だれバリエーション

Step 2

1のイカに塩、コショウをして、春菊、味噌だれの順に入れてからめる。

サバの味噌煮

Hop

1

小鍋に、水、三等分したサバ、しょうがを入れて、沸騰したら、弱火で2分ほど蓋をして煮る。

Ingredients List

材料(1人分)

味噌だれ(P.88)	小2
サバ半身	1/2切
水	大3
しょうが(1cm幅)	1片分
砂糖	小1
しょうゆ	少々

Point

冷めると味がしみておいしくなります。

味噌だれバリエーション

Step 2

砂糖と味噌だれを入れて1分ほど煮て、しょうゆをたらしてでき上がり。

なすとおくらの味噌炒め

Hop

1
フライパンを油で熱し、中火でなすとおくらを炒めて塩、コショウを振る。

Ingredients List
材料（1〜2人分）

味噌だれ（P.88） ………… 大1
なす（半月切り1cm幅）… 1本分
おくら（1cm幅）………… 2本分
豚挽き肉炒め（P.60）
　………………… 1個（30g）
塩……………………………少々
黒コショウ ………………少々
油……………………………少々

味噌だれバリエーション

Step

2
豚肉炒めを入れて混ぜ、味噌だれ入れてあえる。

詰めあわせ例

なすとおくらの
味噌炒め（P.98）

たくあんふりかけ（P.188）

プチトマトの酢漬け（P.179）

玉ねぎソース

Hop

1 玉ねぎと芯を取ったにんにくを用意。

Ingredients List

材料（出来上がり約400cc）

玉ねぎ（みじん切り）
………………… （小）1個
にんにく ………………… 1/2片
酢 ………………………… 50ml
しょうゆ ………………… 50ml
しそ油（なたね油かサラダ油でも可）……………………… 50ml

Point

2～3日後からまろやかになり、おいしくなります。新玉ねぎの時期は甘くて、作ったその日からまろやかです。冷蔵庫で3～4週間保ちます。

作りおきおかず

Step 2

容器に材料をすべて入れて、混ぜ合わせる。

から揚げサラダ

Hop 1 から揚げを作る。

Ingredients List

材料（1人分）

玉ねぎソース（P.102） …… 適量
から揚げ（P.24） ………… 4個
水菜（3〜4cm幅） ………… 適量
プチトマト ……………… 2個

Point

水菜のほかにレタスや、季節の葉っぱを使ってください。ソースの汁気があるので、おかずとごはんを別に詰める、別容器べんとうがおすすめです。

玉ねぎソースバリエーション

Step 2

器に水菜をしいてから揚げを盛り、玉ねぎソースをかける。トマトをかざる。

タラの南蛮漬け風

Hop

1
タラは、塩、コショウをして片栗粉をつけて揚げる。

Ingredients List

材料（1人分）

玉ねぎソース（P.102）	適量
生タラ（1口大）	1切分
塩	少々
黒コショウ	少々
片栗粉	適量
油	適量
にんじん（せん切り）	適量
レモン（スライス）	1枚

下準備

タラは前の日に少々の塩（分量外）を振りキッチンペーパーでくるみ、ラップで包んで冷蔵庫に入れておくとさらにおいしくできます。一晩おかなくても、作る前にこの作業をすると臭みがとれます。

Point

ソースの汁気があるので、おかずとごはんを別に詰める、別容器べんとうがおすすめです。タラのほかに、小アジもおいしいです。

玉ねぎソースバリエーション

Step 2

玉ねぎソースとにんじん、レモンスライスを半分に切り、混ぜて**1**にかける。

豚肉のごましゃぶ

Hop

1 鍋にお湯を沸かし、塩を入れてキャベツを茹でる。そのあとに豚肉もさっと茹でる。

Ingredients List

材料（1人分）

たまねぎソース（P.102）	…適量
豚肉しゃぶしゃぶ用	………80g
キャベツ	…………………… 2枚
白すりごま	………………… 小2
塩	……………………………少々

玉ねぎソースバリエーション

Step 2

茹でたキャベツを1cm幅に切り、ごまとあえて、上に豚肉と玉ねぎソースをかける。

さっぱり和風ハンバーグ

Hop
1 ハンバーグを焼く。

Ingredients List
材料(1人分)
玉ねぎソース(P.102) ……適量
ぺったんこハンバーグ(P.74)
　…………………… 1個(60g)
茹で野菜(季節のもの) ……適量

Point
ソースの汁気があるので、おかずとごはんを別に詰める、別容器べんとうがおすすめです。

玉ねぎソースバリエーション

Step 2

茹でた野菜の上にハンバーグをのせて玉ねぎソースをかける。

サバの水煮缶のせん切りサラダ

Hop
1
きゅうり、大根、みょうが、しそを混ぜる。

Ingredients List
材料（1人分）

玉ねぎソース（P.102） ……適量
サバ水煮缶………………… 80g
きゅうり（せん切り） ……1/2本
大根（せん切り） ………… 2cm
みょうが（せん切り） ……1/2本
しそ（せん切り） ………… 2枚
プチトマト（カット） ……… 2個

Point
かぼすを絞ってもおいしい。保存がきく魚の缶詰めはおすすめ食材です。

玉ねぎソースバリエーション

Step
2
1にサバの水煮をのせて、玉ねぎソースをかけてプチトマトを飾る。

詰めあわせ例

サバの水煮缶の
せん切りサラダ(P.112)
＋ おくらのおひたし(P.171)

しょうゆたれ

Hop

1
小鍋に材料をすべて入れてひと煮立ちさせる。

Ingredients List
(出来上がり約200cc)

しょうゆ	60ml
酒	60ml
みりん	60ml
こんぶ	10cm

Point
作ってすぐに使えますが2〜3日たつと、こんぶのうまみが出てきます。冷蔵庫で3〜4週間保ちます。

作りおきおかず

Step
2
冷めたら保存瓶に入れて冷蔵庫で保存する。

オイルサーディンの梅しょうが煮

Hop

1 小鍋に油をきったオイルサーディン、水、しょうゆたれ、しょうが、梅干しを入れて中弱火で煮る。

Ingredients List
材料（つくりやすい分量）

しょうゆたれ（P.116） …… 大2
オイルサーディン
　………　10匹（1缶分80g）
水……………………………… 大1
しょうが（みじん切り）……… 小1
梅干し………………………… 1個

Point
魚の缶詰の栄養満点おかずです。ごはんとよく合います。

しょうゆたれバリエーション

Step 2

梅干しの塩分により塩辛ければ、砂糖（分量外）を足して甘みを出して煮詰める。

焼き鳥

Hop

1

鶏肉をししとうと一緒に皮目からフライパンで焼き、両面焼き色がついたらししとうを取り出し、酒を振り蓋をして弱火で2分焼く。

Ingredients List

材料（1人分）

しょうゆたれ（P.116） …… 小2
鶏もも肉（3cm角）……… 100g
酒……………………………少々
ししとう …………………… 3本
七味とうがらし …………少々

Point

ごはんに海苔を散らして、ししとうと焼いた鶏肉をのせて、好みで七味を振れば焼き鳥丼です。

しょうゆたれバリエーション

Step

2
しょうゆたれを加えてからめる。七味とうがらしを好みで振る。

シーチキンのそぼろ

Hop

1 フライパンにそぼろの材料を入れて、弱火で水分をとばし器にあける。

Ingredients List
材料（約2人分）
しょうゆたれ（P.116）
　……………………… 大1と1/2
まぐろオイル缶　…………80g
しょうが（みじん切り）……小1/2
砂糖……………………… 小1
〈炒り卵〉
　卵……………………… 1個
　塩……………………… 少々

Point
大根葉、かぶの葉、小松菜など炒めたものを振りかけて、3色べんとうに。紅しょうがを彩りに。

しょうゆたれバリエーション

Step

2
卵をほぐし、塩を入れて、フライパンで炒り卵を作る。

ブリの漬け焼き山椒風味

Hop
1
オーブン皿に油を塗り、ブリをのせて190度で10〜15分ほど焼く。

Ingredients List
材料(1人分)

しょうゆたれ(P.116) …… 大1
ブリ切り身 ………………… 1枚
粉山椒………………………適量
油……………………………少々

下準備
一口大に切ったブリをしょうゆたれに漬けて一晩おく。

Point
さっぱりとしたおひたしがよく合います。

しょうゆたれバリエーション

Step 2

盛りつけて粉山椒をかける。

サケの漬け焼きレモンバター

Hop

1 オーブン皿に油を塗り、サケをのせて190度で10〜15分ほど焼く。

Ingredients List

材料（約2人分）

しょうゆたれ（P.116） …… 大1
生サケ（一口大） ………… 1切分
バター ……………………… 5g
油 …………………………… 少々
レモン（スライス） ……… 2枚

下準備
一口大に切ったサケを、しょうゆたれに漬けて一晩おく。

しょうゆたれバリエーション

Step 2

バターをのせる。
レモンを添える。

詰めあわせ例

小松菜のおひたし（P.168）

サケの漬け焼きレモンバター（P.126）

作りおきおかずの冷凍保存

作りおきおかずの「鶏挽き肉炒め」(P.46)の冷凍保存の仕方をご紹介します。分量は1度に作りやすい量、冷凍しやすい量、使いやすい量にしました。ほかの作りおきおかずも同様に冷凍保存してください。

1
調理した鶏挽き肉炒め(P.46)をバットに広げて冷まします。

2
1人分の分量に分けてラップで包みます。(計りですべて計量しなくても、等分に分ければ大丈夫です)

3
冷凍庫に入る小さめのバットに、平らに並べて冷凍します。ステンレスのバットに平に並べると冷えやすくおいしく冷凍できます。

4
冷凍できたものを、フリージングパックに平らになるように入れ、冷凍庫に立てて冷凍します。見えるところに、テープで内容物と日付けを書いて貼っておくと分かりやすくて便利です。

chapter 03

これ一品でなんとかなる!
主食だけで満足べんとう

たけのこのお寿司

Hop

1
適当な大きさに切ったたけのこと油揚げをだし、みりんで5分程煮て、しょうゆで味つけし、さらに5分煮る。

Ingredients List
材料(2合分)

米 ··················· 2合
たけのこ(ゆがいたもの)
 ··················· 150g
油揚げ(短冊切り) ········· 2枚
鰹だし ··············· 200ml
みりん ················ 大4
しょうゆ ··············· 大2
すし酢
　酢60ml+砂糖小2+塩小1/2
　(市販すし酢の場合は60ml)
山椒の葉(飾り用) ········ 適量

Point
春のたけのこの季節にたけのこごはんに飽きたらお寿司にしてみましょう。
付け合せは、かぶの塩もみ（P.172）

ごはん

Step 2

炊いた米にすし酢を混ぜて酢飯にして、汁気を切った**1**を混ぜる。山椒の葉をたっぷり飾る。

しょうがのお寿司

Hop
1
炊いた米にすし酢を混ぜて、酢飯にする。

Ingredients List
材料(2合分)

しょうが甘酢漬け(せん切り)
　……………………………15g
じゃこ ……………………25g
白いりごま ……………… 大2
しそ(せん切り) ………… 7枚
米………………………… 2合
すし酢
　酢60ml＋砂糖小2＋塩小1/2
　(市販すし酢の場合は60ml)

Point
俵型にしたり、いなり寿司に詰めてもおいしいです。
付け合せは、みょうがの酢漬け(P.179)

ごはん

Step 2

1にしょうが、じゃこ、ごま、しそを混ぜる。

きのこごはん

Hop

1 米を炊いておく。フライパンを油で熱し、きのこと油揚げを炒めて、バター、酒、オイスターソースで味つけする。

Ingredients List
材料(2合分)

米 ································ 2合
好きなきのこ(いしづきを取りほぐす) ······················· 250g
油揚げ(縦1/2に切り、1cm幅に切る) ························· 2枚
〈味つけ〉
　バター ························· 10g
　酒 ······························· 大1
　オイスターソース ········ 大2
油 ································· 大1

Point
前夜に食べて、翌日海苔を巻いておにぎりにしてもおいしい。
付け合せは、かぶの塩もみ(P.172)と大根とにんじんの塩もみ(P.175)

ごはん

Step 2

1で炒めたものを、炊けた米にのせて、10分程蒸らし、よく混ぜる。

高菜チャーハン

Hop
1 あたたかいごはんをボウルに入れる。

Ingredients List
材料（1人分）

ごはん … 茶碗1杯分（約160g）
高菜のふりかけ（P.192）…適量

Point
混ぜるだけなので、油っぽくなくておいしいです。おかずに春巻き（P.54）を添えて。

ごはん

Step 2

高菜のふりかけを入れて混ぜる。

ちまき風ごはん

Hop
1 もち米を炊く。

Ingredients List

材料(3〜4人分)

- もち米 …………………… 2合
- チャーシュー(5mm角) … 100g
- 干しエビ(みじん切り) ………… 大1と1/2
- 干ししいたけ(みじん切り) … 2個
- しょうが(みじん切り) ……… 小2
- ごま油 …………………… 大1

〈味つけ〉
- 酒 ………………………… 大2
- オイスターソース ……… 大3
- 砂糖 ……………………… 大1
- 五香粉 …………………… 少々
- 青ネギ(飾り用) …………少々

下準備

干しエビと干ししいたけを水で戻しておく。

Point

サランラップで丸めて丸型にして、青ねぎの小口切りを飾るとおいしいです。

ごはん

Step 2

フライパンにごま油としょうがを入れて温め、チャーシュー、海老、しいたけを炒める。調味料で味つけし、**1**に混ぜる。

卵とサーモンのサンドイッチ

Hop

1
茹で卵をつぶして、マヨネーズ、ねぎ、ケイパーを混ぜ合わせる。

Ingredients List

材料

カンパーニュかライ麦パン(約15cm俵型) … (薄切り)4枚
サーモン ………… 4枚(約30g)
茹で卵 ………………………… 1個
マヨネーズ ………………… 大1
青ねぎ(小口切り) ………… 小1
ケイパー(半分に切る) … 6粒分
バター …………………………適量

Point
前の日につくっておいて冷凍できます。普通の白いパンにも合います。

サンドイッチ

Step
2
片面にバターを塗ったパンにサーモンと**1**をはさむ。

オリエンタルチキンサンド

Hop

1 パンの片面にバターと甜麺醤を塗り、もう1枚の片面にマヨネーズを塗る。

Ingredients List

材料（1人分）

イギリスパン（8枚切）…… 2枚
マリネチキンプレス焼き（P.30）
……………………………… 1/2枚
きゅうり（薄切り）………… 適量
にんじん（せん切り）……… 適量
バター……………………… 適量
甜麺醤……………………… 適量
マヨネーズ ………………… 適量
白ごま……………………… 少々
青ネギ……………………… 少々

サンドイッチ

Step 2

きゅうり、にんじん、そぎ切りのチキン、白ごま、ねぎの順にパンにのせてはさむ。

ジャージャー麺

Hop
1
フライパンで豚肉を温め、調味料で味つけし、水溶き片栗粉でとろみをつける。

Ingredients List

材料(2人分)

中華麺(冷やし用) ………… 2玉
豚挽き肉炒め(P.60)
　………………… 4個(120g)

〈味つけ〉
　酒…………… 大1と1/2
　甜麺醤………… 小1と1/2
　味噌………… 大1と1/2
　砂糖………………… 大1/2
　水………………… 50ml
片栗粉(水小1で溶く) …… 小1
きゅうり(せん切り) ……… 1本
青ねぎ(小口切り) …………少々

Point
麺がくっつかないように、よく洗ってぬめりをとるのがポイント。

麺

Step 2

中華麺を茹でて水でよくぬめりを落とし、ごま油（分量外）をあえる。麺の上にきゅうり、青ねぎと**1**をのせる

和風タンタンうどん

Hop

1 フライパンで豚肉を温め、青ねぎ（飾り用に少し残す）、酒、しょうゆを入れて炒める。すりごま、練りごま、めんつゆを混ぜて加える。

Ingredients List

材料（2人分）

冷凍うどん	2食分
豚挽き肉炒め（P.60）	6個（180g）
青ねぎ	2本
酒	大1
しょうゆ	大1
白すりごま	大3
白練りごま	大1
めんつゆ	200ml
ラー油	適量

Point

別容器に入れて、食べる直前に麺に具をのせる。

麺

Step 2

うどんは茹でて、よく水洗いして、ごま油（分量外）をあえておべんとう箱に入れる。好みでラー油を振る。

マカロニナポリタン

Hop

1 フライパンにオイルとにんにくを入れて香りを出し、ソーセージ、ズッキーニ、トマトを入れて塩、コショウで味を調える。

Ingredients List

材料(1人分)

茹でたマカロニ ………… 100g
ソーセージ(斜めそぎ切り)
………………………… 3本
ズッキーニ(半月薄切り)
………………………… 1/3本
トマト(1cm角) …… (小)1個
とうもろこし ………… 1/4本
トマトケチャップ ………… 大1
にんにく ……………… 1/2片
オリーブオイル ………… 大1
塩……………………………少々
コショウ ………………… 少々

Point

お好みでパルメザンチーズをかけても。

麺

Step

2
1にマカロニとトマトケチャップを入れて、味が足りなければ塩、コショウを振る。とうもろしを散らす。

野菜カレー

Hop

1 トマト、ピーマン以外の野菜をバターで炒めて、にんにく、カレー粉、クミン、ローリエ、水150ml（分量外）を入れて、やわらかくなるまで5分程煮る。

Ingredients List

材料（2人分）

さつまいも（1.5cm角）… 1/4個
人参（1.5cm角） ……… 1/2本
トマト（1.5cm角）…（小）1個
ピーマン（1.5cm角）……… 1個
バター ………………………15g
にんにく ………………… 1/2片
カレー粉 ………… 小さじ1/4
クミン ……………………… 少々
ローリエ ………………… 1枚
塩………………………… 小1/2

Point

ドライカレー（P.62）と一緒に詰めてもおいしいです。

カレー

Step 2

トマト、ピーマンを入れて、塩で味を調える。

キャベツ入りカツレツカレー丼

Hop

1 豚肉をたたいて2～3mmの薄さに伸ばし、塩、コショウを振り、小麦粉、卵、パン粉をつけて揚げる。

Ingredients List

材料(1人分)

豚もも肉(ヒレカツ用)	2枚
塩	適量
コショウ	適量

〈衣〉

小麦粉	適量
溶き卵	適量
パン粉	適量
カレーの残り	適量
キャベツ(せん切り)	1枚分
ごはん	適量

Point

食べやすさを考えて、ごはんの上にカレーをかけておきます。カツレツは、衣をつけた状態まで前の日にしておくと便利。

カレー

Step 2

おべんとう箱に、ごはん、カレー、キャベツ、カツ、カレーの順に入れる。

ラタトゥユカレー

Hop

1. 鍋にオイルとにんにくを入れて香りを出し、トマト以外の野菜を入れて炒める。炒め終えたらトマトを入れて蓋をして、弱火で10分程蒸し煮にする。

Ingredients List

材料（2〜3人分）

なす（1.5cm角）	1本
赤ピーマン（1.5cm角）	1個
ピーマン（1.5cm角）	1個
玉ねぎ（1.5cm角）	1/2個
トマト（1.5cm角）	1個
にんにく（みじん切り）	1かけ
オリーブオイル	大2
塩	小1/2
黒コショウ	少々
白ワインビネガー	小1
カレー粉	小1/2

Point

野菜は足りないものがあっても大丈夫です。好みでパプリカ粉末を振って。

カレー

Step

2
塩、コショウ、ビネガー、カレー粉で味つけする。

中華風豚肉カレー

Hop

1 深めのフライパンを油で熱し、にんにくを炒めて、セロリ、豚肉を入れ、鶏がらスープを入れる。

Ingredients List

材料(2人分)

豚肉(薄切り)	100g
にんにく	1/2かけ
セロリ(斜め切り)	約1/2本
鶏がらスープ	200ml
油	大1
ローリエ	1枚
カレー粉	小1
塩	少々
片栗粉(水大1と1/2で溶く)	大1

Point

付け合せは、プチトマトの酢漬け(P.179)

カレー

Step 2

沸騰したらあくをとり、ローリエ、カレー粉を入れて塩で味を調え、水溶き片栗粉でとろみをつける。

おべんとう作りに便利な調理器具

１～２人分のおべんとうを作るには、
小さめのキッチングッズや、
時間短縮できる便利グッズがかかせません。
おべんとう作りのためだけでなく、
普段も使い回せるアイテムを揃えました。

小さなフライパン

フッソ樹脂加工の20cmのフライパンです。これは少し深めの作りなので、揚げ物や青菜などを茹でるときにも便利。

小さめのステンレスバット
（底辺 10.5 × 13.5cm）

2～3枚あると便利です。冷凍保存に使ったり、揚げ物をしたりするときに、小麦粉、溶き卵、パン粉を入れて並べて使えます。

保存容器（約14cm角）

から揚げのときなど粉と肉を入れて振って使います。まんべんなく肉に粉がつき、手も汚れません。

ワックスペーパー

マリネなど汁気が気になるときにワックスペーパーを使います。サンドイッチのラッピングにも使えます。

すりおろし器

チーズやにんじんなどがすりおろせるおろし器です。れんこんもみじんにできます。

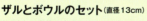

ザルとボウルのセット（直径13cm）

おひたしや煮物の水分を切るのに使います。おかず作りの前に水切りを準備しておけば、タイミングよくに水気が切れます。

粉砂糖ふるい

本来はお菓子用の粉砂糖ふるい。粉ふるいとして使えます。肉や魚に粉をまぶすとき、まんべんなくかかるので便利です。

ミニ土鍋（直径12cm）

オーブン、電子レンジが可能なので少量の野菜などを電子レンジで加熱するときに使います。蓋つきなのでラップがいりません。

白磁の注ぎ口つきボール（大・中・小）

100ml、200ml、500mlの3サイズ。小は調味料を合わせるのに、中は1人分の卵焼きに、大は具の多い卵焼きやごはんに何かを混ぜるときに。

料理用セルクル

軽く下に油を塗って、目玉焼きを作るのに使います。おべんとう用の小さな丸い目玉焼きが上手にできます。

おかずの味が引き立つ調味料

基本の調味料から、
何かと役に立つ便利なスパイスを集めました。
塩の使い分けや味のアクセントになるスパイスで、
おかずのおいしさを実感してください。

甜麺醤
北京ダックにも使われる、中華甘味噌です。麻婆豆腐や、回鍋肉にも使われます。

オイスターソース
チンジャオロースなどに使う中華の調味料。しょうゆだけで作るよりも、うまみとコクが出ます。

コリアンダー(粉末)
カレー粉の原料にもなっているスパイス。肉や魚を漬け込んで焼くと、スパイスグリルになります。

五香粉(粉末)
ウーシャンフェン。アニス、シナモン、花椒、クローブ、陳皮の5種がブレンドされたスパイス。

きび砂糖
国産さとうきび100%のきび砂糖を使っています。ミネラル分が豊富でコクがあります。

クミン（粉末）
コリアンダーと同じ、カレー粉の原料にもなっているスパイス。少し料理に入れるだけでカレー風味になります。

海塩
フランスの海藻入り海塩です。海藻入りだとだしが出て料理がおいしくなります。うまみが出るのでスープや煮物に使います。

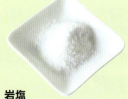

岩塩
塩味がストレートなので、焼き物、グリルに使います。ミネラル分が多く含まれます。物に使います。

ナツメグ（種子）
挽き肉料理に欠かせないスパイス。粉末だと手軽に使えて便利です。塊はすりおろして使います。

chapter 04

これさえあれば名脇役
ラクチン常備おかず

小松菜のおひたし

Hop

1
塩(分量外)を入れた沸騰した湯で、小松菜をさっと茹で、水にさらす。

Ingredients List

材料(約2人分)

小松菜 …………………… 1束
鰹だし …………………… 300ml
海藻入り海塩 …………… 小1
(なければ普通の塩でも可)

Point

茹でた野菜をだしに浸すだけなのでラクチン! 簡単にしっかりだしの味のついたおひたしができます。
季節に合わせて野菜を選んで、おひたしを作りましょう。
浸すのは一時間でも大丈夫ですが、一晩のほうが味がしみます。

野菜のおひたし

Step 2

水分をしぼって2cm幅に切り、塩をとかしただしに浸す。一晩おく。

野菜のおひたしバリエーション

ほうれん草のおひたし
ほうれん草1束

長いものおひたし
長いも1本（茹でない）

根三つ葉のおひたし
根三つ葉1束

キャベツのおひたし
キャベツ5枚

ブロッコリーのおひたし
ブロッコリー1本

スナップえんどうのおひたし
スナップえんどう200g

アスパラガスのおひたし
アスパラガス（中太）10本

モロヘイヤのおひたし
モロヘイヤ2袋

おくらのおひたし
おくら20本

レタスのおひたし
レタス10枚

クレソンのおひたし
クレソン3束

とうもろこしのおひたし
とうもろこし2本

かぶの塩もみ

Hop

1 かぶは皮をむき、3mm幅に、葉は3cmの長さに切る。

Ingredients List

材料

かぶ	4個
かぶの葉	適量
塩	小1

Point

かさばる野菜を適当な大きさに切って、塩を振ってぎゅうっとしぼるだけ。
手軽な上にたくさん食べられるから、栄養価抜群です。
時間がないときは、塩を振ってから10分くらいでも大丈夫です。

塩もみ

Step 2

保存容器に**1**と塩を入れて蓋をして振る。一晩おく。おべんとう箱に詰めるときに、水気をしぼる。

塩もみバリエーション

白菜の塩もみ
白菜1/4株

水菜の塩もみ
水菜1袋

きゅうりの塩もみ
きゅうり3本（塩は小1/2）

大根とにんじんの塩もみ
大根1/2本+にんじん1/2本

キャベツの塩もみ
キャベツ3枚+きゅうり1本+
にんじん1/4本

なすの塩もみ
なす2本(塩小1/2)

れんこんの酢漬け

Hop
1 れんこんを切り、さっと茹でる。

Ingredients List

材料

れんこん（5mm厚）
　………………………… 約100g
〈甘酢液〉
　酢………………… 50cc
　砂糖………………… 大2
　すりごま ………… 大1と1/2

Point

簡単マリネ風酢漬け。野菜を切って甘酢液に漬けるだけ。
さっぱりとした一品を加えたいときにピッタリです。

酢漬け

Step 2

甘酢液を合わせておき、**1**を入れる。

酢漬けバリエーション

ごぼうの酢漬け
やわらかくなるまで煮て甘酢液につける

きのこと玉ねぎの酢漬け
材料を炒めて塩、コショウし、甘酢液につける

赤ピーマンとズッキーニとなすの酢漬け
材料を炒めて塩、コショウし、甘酢液につける

みょうがの酢漬け
塩もみして水気を切り、甘酢液につける

プチトマトの酢漬け
種を出して甘酢液につける

カリフラワーの酢漬け
茹でて、甘酢液につける

春菊と桜エビのふりかけ

Hop
1
春菊を洗って、5mm幅に切る。

Ingredients List
材料

春菊……………………………一束
桜エビ………………… 2つまみ
油…………………………… 大1
塩…………………………… 大1

Point
材料をすべて炒めるだけで手作りふりかけのでき上がり。
常備しておくと、おかずが足りないときに重宝します。

手作りふりかけ

Step

2 フライパンを油で熱し、春菊を炒めて桜エビを加え、塩で味を調える。

大根葉のふりかけ

Hop
1 大根葉を洗って、5mm幅に切る。

Ingredients List
材料

大根葉……………………… 1本分
白ごま……………………… 大1
油…………………………… 大1

手作りふりかけバリエーション

Step 2

フライパンを油で熱し、大根葉を炒めて白ごまを加え、塩で味を調える。

小松菜としらすのふりかけ

Hop

1 小松菜を洗って、5mm幅に切る。

Ingredients List

材料

小松菜……………………… 1束
しらす ……………………60g
油…………………………… 大1

手作りふりかけバリエーション

Step 2

フライパンを油で熱し、小松菜を炒めてしらすを加える。

魚肉ソーセージとかぶの葉のふりかけ

Hop

1
かぶの葉を洗って、5mm幅に切る。

Ingredients List

材料

かぶの葉……………… 4本分
魚肉ソーセージ（みじん切り）
　………………………… 1本分
ナンプラー …………… 小1
油……………………… 大1

手作りふりかけバリエーション

Step 2

フライパンを油で熱し、かぶの葉を炒めて魚肉ソーセージを加え、ナンプラーを入れる。

たくあんのふりかけ

Hop

1 しその葉をフライパンであぶり、パリパリにする。

Ingredients List
材料

たくあん（みじん切り） … 100g
梅干し（たたく） ………… 2個
しそ ……………………… 5枚
白ごま …………………… 大1
油 ………………………… 小1

手作りふりかけバリエーション

Step 2

フライパンを油で熱し、たくあんを炒めて、梅、白ごまを加え、しその葉をもんで飾る。

かつお節だしがらのふりかけ

Hop

1 だしがらを細かく切り、フライパンで炒って水分をとばす。

Ingredients List
材料

かつお節だしがら …………30g
しょうゆ …………………… 小2
みりん ……………………… 小2
白ごま ……………………… 小1

手作りふりかけバリエーション

Step

2 しょうゆ、みりんで味つけし、白ごまを入れる。

高菜のふりかけ

Hop
1
フライパンを油で熱し、塩を入れた卵をかき混ぜながら焼き、お皿に移す。

Ingredients List
材料

高菜（みじん切り）	150g
卵	3個
白ごま	適量
塩	3つまみ
油	大1

手作りふりかけバリエーション

Step 2

高菜を炒め、**1**を入れ、白ごまを散らす。

親子卵焼き

Hop
1 ボウルに材料を入れて混ぜる。

Ingredients List

材料(1人分)

卵……………………………… 1個
鶏挽き肉炒め(P.46)
　　　………………… 1個(30g)
めんつゆ………………… 小2
三つ葉(細かく切る)………適量

Point
卵焼き1個分の巻き方
卵液を流し入れ、1/3を手前に折り、両側を折り、さらに2つに折る。フライパンの角で形を整える。

卵焼きバリエーション

Step 2

フライパンを油大1で熱し、**1**を入れて卵焼きを焼く。

ズッキーニとピーマンのチーズオムレツ

Hop

1 ボウルにチーズ以外の材料を入れて混ぜる。

Ingredients List

材料（1人分）

卵……………………… 1個
ズッキーニ（みじん切り）
……………………… 1/4本
赤ピーマン（みじん切り）
……………………… 1/4個
チーズ（とろけるタイプ）
……………………… 1/2枚
塩…………………… 適量

Point

卵の巻き方はP.194の卵焼きと同じ。チキンライス（P.50）と一緒に盛る。

卵焼きバリエーション

Step 2

フライパンを油大1で熱し、**1**を入れ、チーズをのせて卵焼きを焼く。

お好み風卵焼き

Hop 1 ボウルに材料をすべて入れて混ぜる。

Ingredients List
材料(1人分)

卵	1個
キャベツ	1/4枚
桜エビ	適量
紅しょうが	小1/2
塩	適量

Point
卵の巻き方は卵液を流し入れ、半分に2つ折りにする。具なし焼きそばを添えて。

卵焼きバリエーション

Step 2

フライパンを油(大)で熱し、**1**を入れて卵焼きを焼く。

かに玉風卵焼き

Hop
1
ボウルにグリーンピース以外の材料をすべて入れて混ぜる。

Ingredients List
材料(1人分)

卵	1個
カニ缶	25g(1/2缶)
塩	適量
ねぎ(小口切り)	小1
グリーンピース(飾り用)	適量

Point
卵の巻き方はP.194の卵焼きと同じ。甘酢(P.80)をかけて天心丼風に。

卵焼きバリエーション

Step 2

フライパンを油大1で熱し、**1**を入れて卵焼きを焼く。

サーモンときのこのオムレツ風

Hop

1 フライパンにバターときのこを入れて炒め、塩、コショウして器にあける。

Ingredients List
材料（1人分）

卵	1個
サーモン	20g
きのこ（粗みじん切り）	20g
牛乳	小1
青ねぎ（小口切り）	小1
クリームチーズ	10g
バター	5g
塩	少々
コショウ	少々

卵焼きバリエーション

Step 2

牛乳と塩1つまみ（分量外）を入れて溶いた卵を、フライパンに入れて丸く広げ、サーモン、**1**のきのこ、チーズ、ねぎを入れて2つ折りにする。

おわりに

おべんとうをラクチンに作れるようなレシピをぎゅぎゅっとこの本1冊に詰めてみました。いかがでしたでしょうか。自分のために、もしくは誰かのために作るおべんとう。1品だけ、もう1品加えてなど、この本の中のアイテムを好きなようにチョイスしてみてください。きっと、おいしくて、朝ラクチンのおべんとうができるはずです。そして、これらのレシピは、普段のごはんのおかずにも活躍するものばかりです。夕食もラクチンにしてしまうかもしれません。無理をしないおべんとうライフを是非お楽しみください。お役に立てれば幸いです。そして、最後に本書制作にあたりご協力いただいた皆様に感謝申し上げます。ありがとうございました。

Easy Morning Lunchbox
2step Recipe

本書は、2009年8月に東京地図出版(当時/現在はマイナビ)より刊行された『朝ラクチン！おべんとう2stepレシピ』を文庫化したものです。

谷口祐子（たにぐち ゆうこ）

フードコーディネーター

1969年横浜生まれ、東京育ち。
桑沢デザイン研究所卒業。
株式会社サザビーアフタヌーンティールームの仕事を経て（株）C&Sにて鈴木汀のもとで、レストラン、カフェ、雑貨ショップのプランニングに関わる。
2004年～フリーにて仕事をはじめキッチン雑貨ショップVMD、レシピ提案、陶器メーカー商品企画などを手がける。2007年～料理と暮らしのクラス、「暮らすクラス」を自宅にて主宰。季節の素材をメインに考えた、毎日の暮らしに役立つメニューを提案している。1児の母でもあり、自然とともに生きる子供と日々成長しながら毎日のごはん作りを大切に考えている。

著者HP　www.cands.co.jp

協力

　　株式会社　マグスタイル
　　http://birthdaybar.jp/

　　株式会社　ロロ
　　http://www.lolo-inc.co.jp

マイナビ文庫

手早く15分で「いってらっしゃい!」
おべんとうのラクチン手帖

2015年2月28日 初版第1刷発行

著　者	谷口祐子
発行者	中川信行
発行所	株式会社マイナビ
	〒100-0003 東京都千代田区一ツ橋1-1-1 パレスサイドビル
	TEL 048-485-2383（注文専用ダイヤル）
	TEL 03-6267-4477（販売）／TEL 03-6267-4385（編集）
	E-mail ps.chizu.editor@mynavi.jp
	URL http://book.mynavi.jp

カバーデザイン	米谷テツヤ（PASS）
底本デザイン	瀬川卓司（killigraph）
料理・スタイリング	谷口祐子
撮影	福井隆也
イラスト	井上コトリ
料理アシスタント	池田宏実
編集	山田章代
印刷・製本	図書印刷株式会社

◎本書の一部または全部について個人で使用するほかは、著作権法上、株式会社マイナビおよび著作権者の承諾を得ずに無断で複写、複製することは禁じられております。◎乱丁・落丁についてのお問い合わせは TEL 048-485-2383（注文専用ダイヤル）／電子メール sas@mynavi.jp までお願いいたします。◎定価はカバーに記載してあります。

©2015 Yuko Taniguchi ／ ©2015 Mynavi Corporation
ISBN978-4-8399-5511-3
Printed in Japan